PHYSIONOMIES · DE DANSEURS.

1

LA CLOSERIE DES LILAS

(*Jardin Bullier*).

PARIS

CHARLES NOLET, LIBRAIRE.

PASSAGE DU COMMERCE, 3.

1855

1

LA CLOSERIE DES LILAS

(*Jardin Bullier*).

PARIS

CHARLES NOLET, LIBRAIRE,

PASSAGE DU COMMERCE, 3.

1855

LA CLOSERIE DES LILAS

I.

Ma foi, si j'étais étranger, je rirais de bon cœur en voyant tous les filets, nasses, collets, trébuchets, piéges, etc., etc., que me tendent les Parisiens pour me surprendre à mon passage au moment de l'exposition. Eh! bien non, je ne rirais point, je serais fier, glorieux, réjoui, de savoir tout le mal que se donne le peuple le plus spirituel du monde, à son dire, pour avoir l'honneur de me recevoir. Je me sentirais orgueilleux d'avoir pu, pendant une année entière, occuper tous les esprits et toutes les imaginations qui bouillonnent dans ce gigantesque cerveau qu'on nomme Paris.

En effet, hommes, maisons, hôtels, rues, jardins publics, spectacles, bals, boutiques, cafés, restaurants, buffets se font beaux, s'attifent, se rajeunissent, se recrépissent, se peignent, se décorent, se badigeonnent, s'éclairent, s'aérent, tout cela pour plaire à l'étranger, pour attirer l'œil de l'étranger, pour nourrir l'étranger, pour loger l'étranger, pour amuser, abreuver, choyer l'étranger, et recevoir un peu de cet or que, selon toutes les probabilités, l'étranger doit semer à pleines mains dans la grande ville.

Aujourd'hui, pour le Parisien, ses compatriotes ne sont plus rien, c'est à peine s'il les regarde passer. Il les prend en pitié. Tous ses vœux, tous ses rires sont pour l'étranger, il en fait la base de sa fortune. Il croit que le lit du Sacramento affluera chez lui grossi par les poches étrangères.

— Chacun fait son prospectus, prépare son programme pour s'offrir sous le meilleur jour possible aux yeux de ce favori futur. Que de châteaux en Espagne cette invasion tant désirée n'at-elle pas fait construire ? On ne travaille plus qu'en vue de l'étranger.

— Dans son orgueil, le Parisien croit, Dieu me pardonne, que tous les gens qui lui feront l'honneur de le visiter ne seront que des Barbares, il veut les éblouir, leur jeter de la poudre aux yeux pour garder la suprématie qu'il s'est toujours donnée dans son extrême vanité.

II.

Nous qui n'avons rien à vanter, qui n'avons qu'à dire : Venez et voyez ; c'est donc presqu'un métier de Cicerone que nous devons faire. Aussi ne nous posons-nous ni en philosophe, ni en historien, nous décrivons, et chacun sera maître de venir s'assurer si nos tableaux sont fidèlement dessinés.

III.

Bien longtemps après avoir quitté le service, l'homme qui a été militaire s'intéresse encore à son régiment, il n'y connaît plus personne, tous ses compagnons de garnison et ses camarades de gloire sont morts ou retirés dans leurs foyers ; ses officiers ont pris leur retraite ; sa vivandière a marié sa fille qui a plusieurs fils sous les drapeaux. N'importe, le vieux soldat suit toujours avec intérêt les hauts faits de ceux qu'il nomme ses anciens camarades. S'il lit les relations de combats de nos troupes en Afrique ou devant Sébastopol, ce sera toujours le numéro de son régiment qu'il cherchera tout d'abord, ses vœux les plus sincères seront toujours pour ceux qui l'ont remplacé. Il ne se l'explique pas bien, mais il aime son régiment, malgré lui, il prend part à toutes ses gloires, il partage toutes ses souffrances.

Le poëte, l'artiste, le savant, ne voient jamais sans émotion les vieux murs du collége où ils ont passé leurs premières années. Les succès de leurs jeunes condisciples au concours général les comblent de joie, ils font des vœux pour qu'ils remportent le prix d'honneur.

Militaires et savants, poètes et artistes regrettent ces jours de jeunesse où ils cimentaient de si bonnes et douces amitiés, où ils faisaient pour ainsi dire provision de souvenirs pour les temps froids de la vieillesse. On n'oublie jamais les lieux où s'est écoulé l'âge de l'insouciance, on les voit toujours présents à sa pensée, et lorsqu'on s'en rapproche, malgré soi, le cœur bat plus à l'aise dans la poitrine.

Qui de nous, au milieu des préoccupations de la vie, des difficultés du travail, n'a pas jeté un triste et long regard sur sa vie d'étudiant, et n'a pas vu comme dans une lanterne magique passer tous ces visages joyeux des compagnons de folies, tous ces frais minois des premières amours ?

Qui de nous, ne s'est mille fois écrié avec le poète Uhland :

« Mes vingt ans ! oh ! mes vingt ans, sitôt passés, vous ai-je vécus, ou bien vous ai-je rêvés. »

IV.

Ce sont ces souvenirs là que nous voulons réveiller, car hélas ! nous ne sommes plus de l'âge où gaiment, grisette au bras, cigarre aux dents, on traverse en riant le Luxembourg, pour aller danser chez le père Bullier.

Mais nous chérissons toujours la Closerie des Lilas, nous y avons laissé des souvenirs et nous aimons à les y retrouver. Il est certains bosquets, certaines tables que nous ne revoyons jamais sans une palpitation de cœur. Là c'est Maria, ici c'est Juliette, plus loin nous rencontrerons, par imagination, Sarah, Blanche, Isabelle, Anna, Rosine, passant dans leurs frais atours en jetant à notre tristesse, l'aumône de leur rire moqueur. Aussi n'avons-nous jamais entendu, sans émotion, l'aveugle de notre quartier chanter de sa voix enrouée la romance en vogue il y a trois ans.

> Doux souvenirs
> De mon pauvre village
> Hélas! qu'êtes-vous devenus.
> Plaisirs
> Qui charmiez mon jeune âge
> Non non, je ne vous verrai plus.

V.

Nous ne savons si ce sont bien là les paroles du poète, mais les rimes y sont à peu près. Quant aux vers, ils sont peut-être boiteux, et mal accouplés, mais c'est ainsi que les chante notre ami l'aveugle, nous ne voulons rien changer à sa poésie qui va bien avec sa musique.

VI.

Nous n'avons pas de village. Les doux souvenirs qui charment notre jeune âge sont tous à la rive gauche. Aussi est-ce toujours avec une joie extrême que nous revoyons ces vieux quartiers de la ville, que nous avons si souvent parcouru du quai de la Râpée à Grenelle et de la place Saint-Jacques, de funèbre mémoire, au Pont-Neuf qui rappelle de si joyeux souvenirs. Nous avons traversé, conduit en promenade par un pion, le faubourg Saint-Marceau, la rue Mouffetard, le quartier souffrant, patrie des misères hideuses, des douleurs poignantes, et nous avons séjourné au Pays Latin cette fête perpétuelle de la vingtième année.

Parisiens, vous aurez beau médire de la rive gauche, lui jeter vos plus dédaigneux regards, prendre vos passeports et louer des chaises de poste pour y aller faire visite à vos amis, vous aurez beau lancer vos sarcasmes, appointer vos quolibets, affiler vos sourires, vous perdrez votre peine; Paris, le véritable Paris est là.

La rive gauche possède les plus beaux jardins du monde, presque des parcs, le Luxembourg et le Jardin des Plantes, des hôtels splendides, des bibliothèques à tous les coins de rue, des églises magnifiques comme vous n'en possédez pas une, toutes les écoles de science, d'art et de lettres, l'Institut où l'on est immortel pendant sa vie, et le Panthéon où l'on est immortel après sa mort ; les colléges et les lycées où l'on vous enseigne à vivre, et les hôpitaux et les Invalides, où l'on apprend à mourir.

La rive gauche est pour ainsi dire l'auberge où le Parisien vient un moment se reposer pendant le voyage de la vie, comme on disait sous le premier empire. Il l'habite quand il est jeune, qu'il entre dans la carrière, lorsqu'il ne connaît encore ni les ennuis ni les malheurs de l'existence ; il y revient vieux, cassé, brisé, après avoir subi toutes les tempêtes du monde, pour oublier tout ce qu'il a appris, et retrouver le calme et la solitude. L'autre côté des ponts, selon l'expression des gens de la ville, est donc le refuge de l'extrême jeunesse, celle qui vit, qui rit, qui s'amuse bruyamment, qui travaille pour l'avenir, et de la vieillessse désillusionnée, revenue des choses d'ici bas, qui n'a plus même la force ou le courage de garder l'espérance en un coin de son cœur.

La rive gauche est le pays des contrastes, c'est

une ville à part au milieu de Paris. Elle a ses plaisirs, ses mœurs, ses habitudes, qui ne ressemblent en rien aux plaisirs, aux mœurs, aux habitudes de la ville. Enfin la rive gauche a ses étudiants, voilà sa plus grande originalité.

VII.

Dans ce temps là, nous étions étudiant.

Qui n'a pas été un peu étudiant dans sa vie ?

Lequel de vous, n'a pas rêvé cette existence libre, insoucieuse, de l'étudiant ?

Existe-t-il un homme ayant fait ses humanités, qui n'a pas désiré, après avoir lu un livre de science, comprendre les mystères de la nature, ou pénétrer dans les profondeurs du droit ?

— Combien sont aujourd'hui enfermés dans un comptoir, assis à des bureaux, végétalisés par la vie de province !

Qui, dans leur jeunesse avaient rêvé la gloire des Cuvier, des Arago, des Dupuytren, des Bouillaud, des Duranton, des Quinet, des Michelet, des Chasles, des Saint-Marc-Girardin, etc., etc.

VIII.

Donc nous étions étudiant.

Il existait alors un certain bal intitulé la Chartreuse. Carnaud aîné, un musicien fort habile, par ma foi, y conduisait l'orchestre. Ce bal était fréquenté par les collégiens qui faisaient l'école buissonnière, les grisettes de dix-sept ans, ignorantes de leurs charmes, qui par cela seul n'avaient encore ni la robe ni le chapeau voulus pour se lancer sur un plus grand théâtre; les rapins des ateliers de peinture et de sculpture, beaucoup de chambrières, des soldats *en bordée*, quelques ouvriers fashionables, orfèvres et décorateurs de porcelaine, et une société fort mêlée, qui n'a pas encore de nom dans notre langue, c'est la grande famille des existences problématiques.

Les étudiants y essayaient un quadrille extra-orageux en allant et en revenant de la Chaumière. Ils n'y faisaient que passer. Somme toute, c'était une assez mauvaise affaire. Carnaud, qui était un homme intelligent et actif, avait fait tout ce qui lui était possible pour attirer la jeunesse des écoles, il donnait des fêtes de midi à minuit, il inventait les cafés chantants, il rédigeait des affiches *superlificoquencielles*, il battait la grosse caisse de toutes les façons connues et inconnues, il composait des quadrilles extra-musicaux, des polkas plus que bruyantes avec enclumes et tambours, des valses entraînantes. Rien n'y faisait. La foule passait indifférente, se rendant à la Chaumière ou bien à Montparnasse.

Il fallut fermer les portes. On avait mauvaise opinion de la Chartreuse, personne n'avait foi en ce bal, le jardin restait désert, aucun spéculateur ne faisait tinter la sonnette du propriétaire désespéré.

IX.

Un jour, un homme se présenta d'une profondeur.... Non, c'est Bossuet qui dit cela..... Laissons-là l'aigle de Meaux, il n'a que faire ici.

Cet homme, cet audacieux, celui qui osait entreprendre de faire une concurrence au père Lahire lui-même, celui qui voulait détrôner la vieille renommée de la Chaumière, c'était Bullier, l'heureux propriétaire du Prado.

On lui fit toutes les objections, les découragements lui arrivèrent de toutes parts, c'était à qui lui donnerait le conseil de ne pas entreprendre ; lui seul avait confiance en son idée. Pendant que les autres parlaient, critiquaient, pronostiquaient des malheurs, il agissait. La hache et la pioche abattaient les arbres, nivelaient le terrain, les maçons, les charpentiers et les menuisiers chantaient gaiment en menant le travail. Bullier était partout à la fois, il encourageait de la voix et

donnait l'exemple de l'activité à tous. Habit bas
il se mêlait avec les ouvriers et prêtait un coup
de main à quiconque en avait besoin. Il prévoyait
que, là, il jouait son avenir et sa fortune. Il savait
qu'il avait bien des préventions à vaincre, bien
des préjugés à détruire, il fallait qu'en un mot
l'antique Chartreuse disparût avec sa vieille tente
arabe, pour faire place à un jardin nouveau, à
un palais enchanté. Il fallait que le public, en re-
voyant les portes de l'établissement ouvertes, ne
pût plus reconnaître ce lieu de réputation équi-
voque.

En moins d'un mois, grâce à l'ardeur de Bullier, tout était prêt, la métamorphose était com-
plète, il ne s'agissait plus que de choisir un
nom à ce nouveau temple de Therpsicore (vieux
style).

Frédéric Soulié, vers cette époque, venait d'ob-
tenir un immense succès avec la *Closerie des Ge-
nêts*, on ne parlait que de cela, tout Paris avait
été applaudir ce drame, on était habitué à ce mot
nouvellement arrivé de Bretagne. Bullier, en homme intelligent qui sait comprendre toute l'in-
fluence d'un nom pour réussir dans notre pays,
ne balança pas un moment, le triomphe de l'Am-
bigu lui parut d'un augure favorable, et quelques
jours après, c'est-à-dire au mois d'avril 1847,

LA CLOSERIE DES LILAS, JARDIN BULLIER

ouvrait ses portes au public, il s'y présentait un immense concours d'étudiants. Tous ceux qui fréquentaient le Prado pendant l'hiver avaient été attirés par le nom du parrain qui se lisait en grosses lettres en sous-titre sur l'affiche. Desblins y conduisait l'orchestre.

X.

Certes la Closerie, au jour de son ouverture, n'était pas ce que nous la voyons aujourd'hui. Bien des ornements manquaient, la salle mauresque où l'on danse à couvert les jours de pluie au lieu des trois travées qu'elle possède maintenant, n'en avait qu'une seule, trop étroite pour contenir les nombreux danseurs qui s'y pressaient. Le jardin n'avait pas cet aspect riant qui en fait une des plus agréables promenades de l'été. Bullier avait été pressé par le temps, il voulait ouvrir, prendre date, essayer le goût du public avant que de pousser trop en avant.

Dès qu'il vit ses abonnés de l'hiver lui rester fidèles, il se lança dans les dépenses et chaque année, il fait quelque surprise nouvelle à ses habitués. C'est sans cesse salons et bosquets nouveaux, jeux, balançoires , escarpolettes, billards, pour les promeneurs de jour, car la Closerie est pour la population du quartier un lieu de rendez-vous habituel pendant les chaudes journées de la belle saison. On y va pour s'y mettre à son aise absolument comme si on était à la campagne. On y voit en toilette du matin, les dames qui doivent y briller le soir dans les quadrilles les plus éche-velés. Et c'est ma foi très curieux d'étudier ainsi ces dames au grand jour, c'est absolument comme des actrices que l'on voit hors des coulisses. Elles n'ont plus le même caractère , fières, dédaigneu-ses le soir lorsqu'elles sont enivrées par le succès, bercées par les applaudissements, rebutées de fa-des compliments, orgueilleuses de leurs toilettes de soie, ennuyées de gloire et de vanité ; le jour, au contraire, les trouve simples, bonnes filles, ac-ceptant avec un gracieux sourire la choppe de bière et le verre d'absinthe. Elles viennent là pour se délasser de leurs triomphes, et en y entrant elles déposent leurs masques empruntés, elles ou-blient les rôles qu'elles se sont tracés, elles sont naturelles, elles ne jouent pas encore leur perpé-tuelle comédie du soir, elles vivent un moment pour elles-mêmes, laissant de côté tous les airs de tête, les coups d'yeux étudiés au miroir, pour donner audience à la bonne et simple nature.

Les étudiants y jouent presque comme s'ils

étaient encore dans les cours du collége, il s'y organise mille parties, on y débite les cancans et les bruits du quartier. Chacun s'y prépare le plus gaîment possible au rôle d'homme grave, qu'il sera tôt ou tard appelé à jouer.

XI.

A propos des étudiants, faisons ici une digression.

Depuis quelque temps, on écrit beaucoup sur le quartier Latin. Chacun veut dire son mot à propos de ces braves jeunes gens. Comme de juste, chacun les prend à son point de vue.

L'un regrette le temps des bérets rouges et des chansons, des bosquets de la Chaumière et des grisettes à petits bonnets.

L'autre chante les temps présents, les étudiants fashionables, les fillettes devenues de pâles et tristes parodies des lorettes, et tout le monde moderne qui a envahi la rive gauche.

Tous s'accordent cependant à dire : le quartier Latin n'existe plus!

Bon, le quartier Latin n'existe plus, je le veux bien.

A qui la faute?

N'est-ce peut-être pas celle des gens qui ont

trop cru à son existence. N'est-ce pas beaucoup la faute de ceux qui ont trop cru à la Lisette de Béranger, aux dessins de Gavarni, et même aux romans de Paul de Kock ?

On s'est fait un portrait fantastique de l'étudiant, que l'on veut absolument trouver ressemblant. On l'a composé avec un peu de l'escolier du moyen-âge, un peu du basochien et quelques traits de l'étudiant allemand, avec ce *meli-melo* qu'on colporte depuis trente ans, on croit avoir fait un daguerréotype, une véritable figure.

Cela n'est pas, cela ne peut exister, cela n'a pas les qualités de la vie, c'est tout au plus une caricature de fantaisie.

Puis est venue la phrase banale, ramassée dans quelque chanson de carrefour :

Ce n'est plus le vieux quartier Latin.

Mais si l'étudiant disparaît, c'est que les hommes changent chaque année sans s'en apercevoir, et que lui, il a toujours été le même: depuis qu'il y a des étudiants au monde il n'a pas changé. Il est toujours resté ce qu'il est aujourd'hui, un brave, gai, bon et loyal garçon, plein de sève et de verdeur.

Il a eu un malheur, c'est d'avoir cru au dire de ses devanciers et de s'être laissé berner par les récits plus ou moins bien imaginés par ses vétérans, comme nous disions en rhétorique, qui, à force de raconter le même mensonge, ont fini par y croire de bonne foi.

Ces vétérans, ces *vieux tabac*, comme les nomme fort spirituellement un anonyme qui a publié un article dernièrement dans le *Journal pour rire*, sont persuadés que de leur temps on était plus *étudiant* qu'aujourd'hui, qu'il n'y a que leur génération qui ait eu vingt ans, de l'amour, de la gaîté, l'ardeur au plaisir et de la fraternité. Ils croient que le bon Dieu a créé toutes ces bonnes choses exprès pour les gens nés en leur an de grâce, et que le ciel attendait avec impatience l'arrivée de leur année scolaire pour en enrichir ce pauvre globe.

Aujourd'hui, on dit, comme une chose admise sans conteste : — Les étudiants n'ont plus d'illusions, ils n'ont plus de jeunesse, ils ne pensent qu'à l'argent.

Et, pardieu, vous qui dites toutes ces choses là, comment le savez-vous ? Vous êtes donc privilégiés ?

Avez-vous encore dix-huit ans ? Venez-vous ému, le cœur plein de joie, la tête bourrée de rêves dorés faire inscrire pour la première fois votre nom sur les registres de la Faculté de médecine ou de l'Ecole de Droit ?

Vous étiez donc des hommes à part, le bonheur de se savoir son maître et de pénétrer pour la première fois sous le porche de la place du Panthéon, ou de se promener bras dessus bras dessous avec un ami intime sous le portique académique de l'Ecole de médecine, était donc réservé pour vous seuls, vieillards avant l'âge blanchis par la choppe de bière, désillusionnés entre un verre d'absinthe et une pipe de tabac.

Jeunes gens laissez dire ces radoteurs. Si vous prenez la peine de les écouter encore un jour, ils voudront vous persuader que de leur temps le printemps étaient plus fleuri, les arbres étaient plus verts, le soleil plus resplendissant, les étoiles plus brillantes, les femmes plus belles.

Ne voyez-vous pas qu'ils ont cela de commun avec tous les vieillards, qui croient que le monde a été fait pour leur génération.

XII.

Certes s'il est un homme qui doive connaître les étudiants, c'est le père Bullier. Depuis vingt ans, il les connaît, il les voit tous les jours et il les observe. Demandez-lui ce qu'il pense de ce vieux dicton :

Les étudiants n'existent plus.

Vous verrez la prompte justice qu'il vous fera de cet orgueilleux mensonge des vétérans de l'armée scholastique.

Il vous dira : — Non les étudiants de dixième année n'existent plus, c'est une génération coulée, finie, reléguée dans l'oubli avec les vieilles lunes et les neiges de l'an passé. Ils sont arrivés à l'âge où l'on se fait homme grave parce qu'on prend du ventre et que l'estomac ne digère plus qu'avec difficulté ; à l'âge où l'on ne rit plus de peur de montrer une mâchoire édentée. Mais est-ce que jamais la jeunesse, la gaîté, les joies douces et les charmantes douleurs des premières amours disparaîtront de ce monde tant qu'il y aura des hommes de vingt ans.

— L'étudiant a toujours ses mœurs particulières qu'on ne trouve qu'à la rive gauche, mœurs de l'homme auquel la société n'a pas encore imposé des devoirs, qui vit libre de toutes entraves, sans souci du lendemain, à peu près à la façon des collégiens en vacances. Il lui faut du bruit, des cris, des chansons, des gambades pour se persuader à lui-même qu'il est bien libre, bien affranchi des pensums et des devoirs du Lycée, et qu'il n'a plus là, derrière son dos, un pion pour le surveiller et le rappeler à l'ordre. Il se fait un monde à lui, monde tout imaginaire qu'il peuple de gens faits à son image, auxquels il donne ses habitudes, ses goûts, ses pensées et ses façons de voir. Il ne connaît pas la vie par ce qu'il en a vu (il n'a pas encore eu le temps d'observer), mais par ce qu'il a lu, et cela dans les auteurs grecs et latins qu'il n'a pas eu le loisir d'oublier.

— Parbleu, les étudiants n'ont plus ces airs débraillés, ces costumes baroques, ces bérets rouges et ces pantalons bariolés qu'ils affectionnaient jadis; ce n'est pas là une perte bien regrettable. Ils ne réveillent peut-être pas si souvent par leurs chansons, les bourgeois endormis? Ils ont peut-être perdu quelques-uns des défauts de leurs devanciers? Qui s'en plaint? Autre temps, autres habitudes.

Mais ils en ont gardé toutes les bonnes qualités.

Et d'ailleurs, l'air qu'on respire au pays latin est trop imprégné d'un parfum *sui generis* pour qu'en si peu de temps une population jeune, bonne, généreuse, spirituelle, gaie, désintéressée, joyeuse, ait changé du tout au tout. Les vieux murs du quartier des écoles eux-mêmes les rappelleraient à l'ordre de la jeunesse et de la bonne confraternité, s'il pouvait en être autrement.

XIII.

Tenez, poursuit Bullier, quand j'entends dire cet horrible mensonge : la jeunesse n'existe plus, je hausse les épaules.

C'est absolument comme si on disait :

Le plaisir n'existe plus,

Le commerce n'existe plus,
Il n'y a plus d'industrie,
L'art est mort,

Parce que toutes ces choses ont changé. Certes le commerce d'aujourd'hui ne se fait plus comme il y a vingt ans. L'industrie a pris un autre essor, l'art est entré dans une autre voie. On ne s'amuse plus à notre époque comme on s'amusait du temps du premier Empire et de la Restauration. Est-ce à dire pour cela que toutes ces choses-là sont mortes et enterrées? Les idées, les modes, les hommes, les routes, les habitudes, la manière de vivre changent, et l'on ne veut pas que la jeunesse, c'est-à-dire ce qu'il y a de plus impressionnable, change. Mais c'est de la folie. Que dirait-on d'une partie de la population de Paris, si au milieu de notre civilisation moderne, elle était restée à l'état où étaient les écoliers de maître Albert le Grand? Tout le monde trouverait ces momies de l'intelligence parfaitement ridicules, on les irait voir par curiosité, comme on va voir les momies du Musée égyptien ; et leur procédé de conservation, loin d'exciter l'admiration, ferait pitié.

Voilà pourtant l'état où certains esprits moroses et rétroactifs voudraient trouver les étudiants. Ce sont les mêmes gens qui se désespèrent, crient au scandale, à la démoralisation, parce que aujourd'hui on ne danse plus comme on dansait au temps où ils avaient des jambes. Ils croient fermement que jadis on était plus gracieux et plus légers qu'en ce temps-ci. et si vous leur prêtez l'oreille, ils vous prouveront que les modes de 1830 étaient plus élégantes que les nôtres. Mais ce qu'ils ne veulent pas avouer, ou plutôt ce dont ils ne conviendront jamais, c'est que ce sont eux qui ont changé.

C'est de cette ignorance de tous, que naît cette illusion que tous nous nous faisons :

Nous valions mieux que nos neveux.

XIV.

Voilà du bon sens, ou je ne m'y connais pas.

Maintenant ne pleurez plus tant sur le sort de la génération présente, ne donnez pas toutes vos larmes aux petits bonnets des grisettes, à leurs robes d'indienne. Ce n'est pas l'étudiant qui a changé le coton en soie, c'est l'industrie, cette grande dominatrice des temps modernes, qui a fait que la soie ne coûte pas plus cher que jadis ne coûtait la cotonnade.

Ne dites pas non plus la grisette a disparu, parce qu'aujourd'hui elle porte un chapeau de soie et un châle de pure laine, et qu'elle a déserté l'atelier pour courir la pretentaine.

La Lisette de Béranger portait aussi un chapeau et ne travaillait guère, puisqu'il la veut voir apparaître dans son grenier, fraîche et jolie avec son frais chapeau, déjà sa main à l'étroite fenêtre suspend son châle en guise de rideau, et malgré la montre mise en gage, ne sait-il pas depuis qui payait sa toilette ?

Vous voyez bien que c'est toujours la même et éternelle histoire des amours de vingt ans.

XV.

Je ne suis pas de l'avis de mon ami Léo-Lespès qui a dit :

« La grisette voyant que la jeunesse s'engouait de la soie, des hanches étoffées, des chapeaux à fleurs, s'est transformée. Sa chûte date de l'invention de la crinoline, — sans garantie du gouvernement. »

Je ne suis pas non plus de l'avis de ceux qui trouvent des raisons morales, philosophiques, sociales, humanitaires pour expliquer la disparition de la fillette aux bonnets enrubannés. Je n'invoquerai ni le goût toujours croissant du luxe, ni les idées de confort, ni l'aspiration au bien-être général, et surtout je n'accuserai pas les idées subversives, les éternels ennemis de l'ordre, de la religion et de la famille, je les crois parfaitement innocents de cette disparition aussi bien que du départ des hirondelles en octobre.

Mais je dirai : que c'est vous, regretteurs du passé, qui avez supprimé la grisette. Elle a disparu sous une de ces phrases toutes faites qui se jettent dans la conversation et que chacun répète sans savoir pourquoi.

Vous lui avez tant dit qu'elle n'existait plus qu'elle a fini par prendre votre mot au sérieux. Elle n'avait pas la force de vie et la raison d'être de l'étudiant que vous tâchez vainement d'annihiler par vos balivernes. Il lui est arrivé ce qui arrive aux enfants faibles dans les colléges : à force de leur répéter sans cesse qu'ils sont stupides, on finit toujours par rendre idiots ces petits êtres, d'intelligents, doux, mais timides qu'ils étaient.

Vous, vous avez tant nié la grisette, que vous êtes parvenus a en faire la plus pâle, la plus plate, la plus ridicule caricature de la lorette. Ah! vous devez être fiers de votre ouvrage : d'une nature gaie, charmante, gourmande, friande, élégante, fredonnante, une espèce d'oiseau, de chat, de papillon, possédant tous les plus jolis défauts de sa race, vous en avez fait la plus misérable, la plus vicieuse, la plus intéressée, la plus ennuyeuse et ennuyée des créatures.

Oh! grands diseurs de rien, vous avez droit

d'être fiers ; vos phrases toutes faites ont porté leur fruit.

Oh ! méfions-nous des phrases stéréotypées, elles font notre malheur depuis assez longtemps : elles détruisent tout ce qu'elles touchent, elles déshonorent tous ceux à qui on les accole, elles sont sans cesse sur les lèvres de tous les imbéciles et forment le fond de leur conversation. Sans elles, ils ne parleraient peut-être pas. Quel bénéfice évident ! Nous y gagnerions bien des ennuis de moins.

Ecoutez-moi, laissons les morts où ils sont, ne prenons pas leurs vieux os blanchis pour abattre les vivants. Défions-nous des comparaisons. Prenons chacun pour ce qu'il est au moment où nous en parlons. Les anciens ne se remplacent pas, ils ont fait leur devoir, faisons le nôtre sans les imiter. Vivons avec notre siècle, soyons nous, ce sera déjà de l'originalité ; surtout ne nous efforçons pas de semer des ruines tout autour de nous, pour nous donner la joie de collectionner des souvenirs.

XVI.

Ce qu'il y a de certain, c'est que la Closerie des Lilas est le seul bal jeune où l'on voit des gens qui s'amusent réellement, qui rient, qui

dansent, qui sautent pour se faire plaisir à eux-
mêmes, sans arrière-pensée, sans poser ; ils y
vont gaîment, de tout cœur, parce qu'ils sont assez
heureux pour être encore dans l'âge où l'on aime
la danse pour la danse, pour le plaisir qu'il
procure.

Partout ailleurs vous verrez des gens qui dansent pour les yeux des autres, pour se faire re-
marquer, pour amuser la galerie.

A la Closerie ils s'inquiètent bien de cela, par
ma foi : ils vont, ils viennent, ils gambadent, ils
sont tout à leur affaire qui est la danse ; la galerie
pour eux est bien le cadet de leurs soucis, si
toutefois des gens qui ont tant d'entrain connais-
sent ces choses moroses là.

Leur gaîté n'est ni empruntée, ni factice ; s'ils
rient, chantent, parlent haut, c'est qu'ils ont
besoin de rire, de chanter, de parler haut ; c'est
la jeunesse, c'est bien la fougue qui la caractérise.
Comme tous ces braves jeunes gens ont bien l'air
de comprendre ce mot de l'antiquité :

Aujourd'hui c'est le plaisir, l'oubli ; à demain
les affaires sérieuses.

XVII.

Quant aux femmes .   .   .   .

.   .   .   .

J'aurai trop peur de faire de la morale et de me faire arracher les yeux....

D'ailleurs je ne les connais pas, j'aime beaucoup les voir danser, hélas! voilà tout.

XVIII.

Mais voici ce qu'en dit un très spirituel écrivain dans le *Figaro*; il va sans dire que je lui laisse la responsabilité de son opinion :

« Le souper fini, il rentre chez lui avec sa convive. »   .   .   .   .

.   .   .   .

« Le lendemain matin, son épouse éphémère s'en retourne chez elle — son corset sous le bras, s'habille, se lustre, se bichonne, — déjeûne comme elle peut — et va au café chercher un dîneur ou un *soupeur*, etc. » *Ut supra dictum.*

.   .   .   .

Parlons un peu des femmes puisque nous y sommes : — Elles sont d'abord grisettes par intérim;—alors elles ont un minois appétissant,—dont elles se servent avantageusement pour passer de la robe d'indienne à la robe de laine, *inde* à la robe de soie, — sans, puis avec volants à plusieurs étages. — Une fois dans la soie, elles sont *femmes du quartier;* elles habitent en deçà ou au delà de la Seine, et ont le parler et les mœurs des lorettes, — c'est-à-dire qu'elles sont superbement nippées, ont de trois à douze amants, *utiles ou non* et, — douées qu'elles sont d'instincts rongeurs, — grignottent élégamment l'argent et autres métaux de prix. — En outre, elles sablent le champagne avec amour, — sans doute parce que c'est l'emblème de leur vie..... un peu de bruit, de la mousse qui frémit et pétille, — puis..... rien.

N. B. Elles vont ainsi dix douze ans — et deviennent *dames* de compagnie de quelque lorette ou bien.....

XIX.

Si vous voulez voir les étudiants, les connaître, comparer ce qu'ils étaient avec ce qu'ils sont devenus, votre meilleur lieu d'étude est, sans contredit, à la Closerie des Lilas ; et nous sommes persuadé qu'après avoir vu les autres bals, en comparant, vous trouverez que c'est encore le seul endroit qui ait véritablement un cachet d'originalité, un genre qui lui est propre, genre qui, après tout, vaut bien les élégances de messieurs les commis marchands ou des promeneurs spleenitiques des autres jardins publics.

D'ailleurs nous l'avons dit, c'est le seul Bal gai, le seul où l'on danse réellement, le seul où les hommes sont assez intelligents pour laisser la pose aux dames qui ont besoin de faire leurs frais.

Puis vous remarquerez que là, les femmes, quoique embellissant chaque soir un nouveau bal, car il n'y a qu'une seule race de danseuses à Paris, courant d'Asnières à la Closerie, de Mabille au Château-Rouge, à la Chaumière, sont pour ainsi forcées de s'humaniser et de laisser leurs grands airs de princesses à la détrempe, lorsqu'elles visitent le Jardin Bullier. Elles sont moins tristes, moins ennuyées, moins guindées là que partout ailleurs. Elles savent se mettre au diapason des habitués du lieu.

Ce n'est pas à dire pour cela que le père Bullier n'ait pas ses fidèles, ses danseuses particulières, qui ne viennent et ne dansent que chez lui ou à peu près. Mais celles-là sont de braves et bonnes filles qui s'en donnent à cœur joie, qui vident crânement la choppe en dégustant militairement la cigarette ou le cigarre. C'est une population à part, qui n'a pas encore passé l'eau, qui est sans façon, grignotte toujours quelque chose, croquets, pâtisserie ou sucrerie. Son bonheur est la friandise, elle ne résiste pas aux petits fours, le baba traditionnel est son utopie, la bière et le grog son délice, aussi la voyez-vous plus souvent figurer au café que dans les quadrilles.

XX.

Le café, puisque nous avons écrit ce mot, n'est pas la partie la moins curieuse de ce bal. C'est là que vous trouverez les Gargantua de la bière, les grands *écraseurs* des moos, les hommes qui dans leur soirée *soiffent* entre dix et quinze litres de ce breuvage allemand, si fatalement importé dans notre pays, et ne fument pas moins de cent grammes de tabac. Ces gens là, les bons, comme ils se nomment entre eux, ressemblent assez aux mâcheurs d'opium des pays orientaux, ils vivent continuellement dans une espèce de demi-ivresse, sorte d'extase ou plutôt de somnolence, qui les alourdit, et les rend incapables de tout travail.

Ce sont ceux-là surtout qui disent : il n'y a plus d'étudiants, et passent leur vie à regretter le vieux quartier Latin. Et cependant depuis dix ans qu'ils étudient dans les estaminets et jamais aux Facultés, rien n'a dû beaucoup changer pour eux, car jamais ils n'ont rien changé à leur vie, on chercherait vainement des existences plus régulières. Dès le matin ils entrent au café, y boivent, jouent, déjeûnent, puis reboivent, rejouent, dînent, reboivent de nouveau, soupent, reboivent, rejouent après et vont se coucher. Nous avons connu un de ces types, qui pendant dix ans n'a jamais été que

de sa chambre au café, excepté les jours de Prado,
en hiver et de Closerie en été. Il est resté cinq
ans dans le quartier sans passer les ponts, et dix
années après son arrivée à Paris, il n'avait vu
qu'une seule fois le Panthéon, le jour où il avait
pris sa première inscription à l'École de Droit. Il
n'a jamais pris que celle là.

Il avait fait de son estaminet son domicile réel.
Il y donnait ses rendez-vous, il y recevait ses
amis et connaissances, et les y festoyait d'impor-
tance. Les malheureux étaient condamnés à le
suivre dans ses exploits bachiques, à entendre
tout un recueil de chansons sur le vieux quartier
Latin, car il va sans dire que notre homme était
un des plus acharnés regretteurs. Il se fâcha tout
rouge avec un poète de ses amis qui avait fait
cette chanson sur la Closerie, où il osait trouver
quelques bonnes choses dans le temps présent.

Air connu.

J'ai bien souvent, dans mon humeur peu fière,
Lorsque Bacchus me prêtait ses ardeurs,
Sans déroger, dans un bal de barrière
Dansé gaîment, comme au Château des Fleurs.
Temples fameux où règne Terpsichore,
Où le plaisir habite en souverain,
Parmi vous tous mon cœur préfère encore
La Closerie au vieux quartier latin.

La Closerie enfin rouvre ses portes ;
Adieu l'hiver, les lilas sont fleuris,
Partez gaîment, dansez, jeunes cohortes,
Brillant espoir des viveurs de Paris !...
Entendez-vous... la brise printanière
Frémit au son d'un orchestre lointain...
Le temps est doux et la valse est légère...
C'est jour de fête au vieux quartier latin.

J'ai dû jadis, avec la renommée,
De la Chaumière admirer la splendeur...
En vieillissant, devenant mijaurée,
Elle a perdu son prestige enchanteur.
Grace aux rigueurs de censeurs trop moroses,
Grace aux gants blancs, aux robes de satin,
Elle a vécu ce que vivent les roses,
Et disparu du vieux quartier latin.

J'ai vu Mabille et ses bosquets splendides
Tout émaillés de perles et de fleurs ;
J'ai vu boudir ses fringantes sylphides
Entre les bras de magiques danseurs.
C'est trop d'éclat... l'étiquette importune,
Sœur de l'ennui, règne dans son jardin...
La gaîté franche a peur de la fortune,
Et son séjour est au quartier latin.

Et maintenant, quand le plaisir m'appelle,
Comme aux beaux jours de mon jeune printemps,
La Closerie m'apparaît toujours belle ;
Mon cœur renaît, je reviens à vingt ans...
La Closerie, ardente, échevelée,
Où la gaîté, par l'archet de Desblin,

Nargue en riant la tristesse envolée
Comme aux beaux temps du vieux quartier latin.

Dans ce séjour où règne la folie,
Silène, aimé de nos jeunes Bacchus,
Le vieux Bullier au plaisir nous convie
Environné d'un essaim de Vénus...
Ne tremblez pas, elles sont peu cruelles,
Riches d'amour et le cœur sur la main,
De par le monde il en est de moins belles,
On les adore au vieux quartier latin.

MATHIEU LEBLANC.

XXI.

C'est dans ce café, que vous rencontrez aussi ces jeunes gens laborieux qui t. availlent sans cesse en vue de l'avenir, et qui forment une véritable pépinière de savants où toute la France vient chercher des médecins, des légistes, des professeurs de toutes les sciences. Internes des hôpitaux civils, apprentis magistrats, chimistes et physiciens en herbe, viennent là se délasser de leurs rudes travaux, et faire visite à leurs camarades moins heureux ou moins travailleurs.

Ils sont autour des tables, ils rient, ils plaisantent avec ceux ou celles qui passent, tout en se tenant entre eux des conversations qui semblent de lointains échos des séances de l'académie des Sciences.

C'est là la véritable partie saine de la population du quartier des écoles, celle à qui l'on peut conserver le titre de brave jeunesse des écoles, la partie sinon la plus intelligente, du moins celle qui, par ses études, par sa fortune, par les connaissances déjà acquises, est appelée à former cette partie intelligente par excellence.

XXII.

La galerie, c'est-à-dire les personnes qui viennent là pour se promener et voir, est, elle aussi, intéressante à observer. On est tout étonné d'y rencontrer des hommes qui ont su conquérir une réputation dans les sciences, de grands artistes peintres et sculpteurs que le monde nous envie, coudoyant de grands noms littéraires et des renommées industrielles. Ils viennent y chercher un peu de ces souvenirs de la vingtième année et du temps où ils étudiaient eux aussi ; souvenirs toujours si doux à la pensée et pourtant toujours tant regrettés.

C'est beau, c'est grand, c'est presque un spectacle touchant, de voir ceux que leurs travaux ont fait illustres, que l'intelligence a placés au premier rang, ceux dont on ne prononce les noms qu'avec respect, avec vénération, visitant la jeunesse et prenant part aux plaisirs de ceux-là mêmes qui un jour devront les remplacer pour la gloire de la France. Ceci malgré nous, nous rappelle ce souvenir classique des vieillards de Lacédémone se mêlant aux jeux des enfants pour les encourager.

. . . .

Vous tous, qui viendrez à Paris, étrangers de toutes classes, savants, industriels, inventeurs, pour admirer toutes les merveilles, toutes les splendeurs, toutes les gloires de la grande ville, ne vous contentez pas d'applaudir au présent et au passé, qui certes sont déjà magnifiques, pensez à l'avenir qui sera sublime, et allez passer en revue le bataillon de l'espérance, dont le quartier général est à la *Closerie des Lilas.*

ALEX. PRIVAT D'ANGLEMONT.

Paris. Imp. G.-A. Pinard.—Dentan et Ce, 9, cour des Miracles.

PARIS. IMP. G.-A. PINARD. — DENTAN ET Ce,
9, cour des Miracles.